17 février 1859

TABLEAUX

MODERNES

COLLECTION DE M. LE BARON P***

Vente le Jeudi 17 Février 1859

LE PRÉSENT CATALOGUE SE DÉLIVRE

A PARIS......... Chez M. BOUSSATON, Commissaire-Priseur.
— .... — M. A. COUTEAUX, Expert.
A LONDRES...... — M. E. GAMBART et Co.
A BRUXELLES.... — M. HOLLENDER.
A ROTTERDAM. — M. LAMME.
A LA HAYE...... — M. VAN-GOGH.
A AMSTERDAM.. — M. DEWRIÈS Jor.
A BERLIN........ — M. LEPKÉ.

PARIS. — IMPRIMERIE DE J. CLAYE
RUE SAINT-BENOIT, 7

CATALOGUE

DE

TABLEAUX

MODERNES

Composant la Collection de M. le Baron P***

DONT LA VENTE PUBLIQUE AURA LIEU

HOTEL DROUOT

GRANDE SALLE NOUVELLE

Le Jeudi 17 Février 1859, à trois heures précises

Par le ministère de **M° BOUSSATON**, Commissaire-Priseur
rue des Petites-Écuries, 43

Assisté de M. **A. COUTEAUX**, Expert, passage des Panoramas
galerie Montmartre, 27

EXPOSITION PARTICULIÈRE

LE MARDI 15 FÉVRIER 1859, DE UNE HEURE A CINQ

EXPOSITION PUBLIQUE

le Mercredi 16, de une heure à cinq

1859

CONDITIONS DE LA VENTE

Elle sera faite au comptant.

Les adjudicataires paieront cinq pour cent en sus des enchères, applicables aux frais.

NOTA. — *Le présent Catalogue servira de Carte d'entrée à l'Exposition particulière.*

DÉSIGNATION

BARYE

1 — Taureau terrassé par un ours.
Aquarelle.

2 — Tigre au repos.
Aquarelle.

3 — Famille de lions.
Aquarelle.

BELLY

4 — Crépuscule.
Hauteur, 0,55 c.; largeur, 0,45.

BONVIN

5 — Tricoteuse.

H., 0,32 c.; l., 0,24.

6 — Liseuse.

H., 0,29 c.; l., 0,21.

COROT

7 — Le Matin.

H., 0,84 c.; l., 0,45.

8 — Paysage.

H., 0,24 c.; l., 0,38.

9 — Paysage.

H., 0,82 c.; l., 0,45.

DAUBIGNY

10 — Paysage.

H., 0,27 c.; l., 0,44.

E. DELACROIX

11 — Desdemona maudite par son père.

H., 0,60 c.; l., 0,50.

DIAZ

12 — Femmes turques.

H., 0,00 c.; l., 0,00.

13 — Soleil couchant.

H., 0,35 c.; l., 0,00.

14 — Environs de Fontainebleau.

H., 0,41 c.; l., 0,50.

15 — Crépuscule.

H., 0,27 c.; l., 0,49.

DECAMPS

16 — Rade de Smyrne.

H., 0,85 c.; l., 0,85.

17 — Fabriques.

Dessin au fusain.

DE CURZON

18 — Environs de Terracine.
H., 0,46 c.; l., 0,65.

DUPRÉ (JULES)

19 — Marécage en Sologne.
H., 0,40 c.; l., 0,60.

20 — L'Abreuvoir.
H., 0,38 c.; l., 0,38.

21 — Environs de l'Isle-Adam.
H., 0,00 c.; l., 0,00.

22 — La Mare.
H., 0,19 c.; l., 0,25.

23 — Paysage avec animaux.
H., 0,24 c.; l., 0,35.

FRÈRE (ÉDOUARD)

24 — Artisans.
H., 0,43 c.; l., 0,36.

FRÈRE (THÉODORE)

25 — Vue de Constantine, prise de Couyatali.
H., 1,00 c.; l., 1,05.

26 — Vue de Constantine, prise du Manzoura.
H., 1,00 c.; l., 1,05.

FRANÇAIS

27 — Campagne de Rome.
H., 0,87 c.; l., 0,60.

28 — Le Lac de Némi, États-Romains.
Ovale.

FROMENTIN

29 — Enterrement maure.
H., 0,67 c.; l., 0,85.

GUILLEMIN

30 — L'Éducation de l'oiseau.

H., 0,00 c.; l., 0,00.

JACQUE

31 — Porcs en bataille.

H., 0,15 c.; l., 0,24.

32 — Chevaux de gros trait à l'écurie.

H., 0,13 c.; l., 0,15.

33 — Porcs à l'auge.

H., 0,31 c.; l., 0,40.

34 — La Providence des poules.

Dessin aux deux crayons.

JEANRON

35 — Pêcheurs à la lanterne.

H., 0,37 c.; l., 0,45

LUMINAIS

36 — Landes en Bretagne.

H., 0,25 c.; l., 0,35.

LAMBERT

37 — Lapins.

H., 0,12 c.; l., 0,21.

MARILHAT

38 — Cour arabe au Caire.

Vente Marilhat. H., 0,25 c.; l., 0,36.

39 — Passage du gué.

Aquarelle.

MILLET

40 — Bûcheron.

H., 0,27 c.; l., 0,25.

41 — Gardeuse de moutons.

Dessin au crayon noir.

RAHOULT

42 — Moine mendiant arabe.

H., 0,39 c.; l., 0,32.

RICARD

43 — Copie d'après le Titien.

H., 0,72 c.; l., 0,85.

ROQUEPLAN

44 — Paysage.

H., 0,28 c.; l., 0,31

T. ROUSSEAU

45 — Soleil couchant.

H., 0,60 c.; l., 0,97.

46 — Forêt de Fontainebleau, hiver.

H., 0,26 c.; l., 0,40.

47 — Crépuscule.

H., 0,00 c.; l., 0,00.

48 — Sous-bois.

H., 0,80 c.; l., 0,57.

J. STEVENS.

49 — Vocation forcée.

H., 0,27 c.; l., 0,35.

TROYON

50 — Falaises de Beuzeval.
                                            H., 0,00 c.; l., 0,00.

51 — Paysage.
                                            H., 0,38 c.; l., 0,52.

52 — Sous-bois.
                                            H., 0,32 c.; l., 0,24.

53 — Chiens courants au lancer.
                        Exposition de 1855. — H., 0,77 c.; l., 1,02.

54 — Paysage.
                                    Ovale. H., 0,80 c.; l., 0,55.

55 — Huttes d'Arcachon.
                                            H., 0,87 c., l., 0,45.

TASSAERT

56 — Bacchante endormie.
                                            H., 0,35 c.; l., 0,25.

PARIS. — IMPRIMERIE DE J. CLAYE, RUE SAINT-BENOIT, 7.